ÉLOGE DE M. QUOY.

ÉLOGE

DE

J. R. C. QUOY

INSPECTEUR GÉNÉRAL DU SERVICE DE SANTÉ DE LA MARINE,

MEMBRE CORRESPONDANT DE L'INSTITUT, COMMANDEUR DE LA LÉGION D'HONNEUR,

Prononcé à l'ouverture des cours, le 3 novembre 1869,

PAR

M. MAHER

DIRECTEUR DU SERVICE DE SANTÉ DE LA MARINE

ROCHEFORT,

IMPRIMERIE CH. THÈZE, PLACE COLBERT, 123.

1869.

Messieurs,

Je ne devais pas prendre la parole aujourd'hui ; mais deux raisons m'y ont déterminé : c'est la dernière fois que j'ai l'honneur de présider la séance d'ouverture des cours ; atteint par la limite d'âge, je vais bientôt m'éloigner d'une Ecole à la tête de laquelle je suis placé depuis quinze ans, et je ne veux pas laisser échapper cette occasion de vous exprimer les sentiments dont je suis pénétré à votre égard.

Ma tâche a été rendue facile : au Conseil de santé, j'ai trouvé des collègues dévoués et sympathiques, unissant la bienveillance à la fermeté, animés du même esprit que moi, c'est-à-dire n'ayant en vue que le bien du service, la dignité et les intérêts du corps, le respect des droits de chacun. Les cours, faits avec un zèle et une distinction que je ne saurais trop louer, ont été suivis avec empressement et profit. Que de fois n'ai-je pas eu la satisfaction de voir les médecins et pharmaciens de 1re classe assister aux leçons, témoignant, par leur présence, de l'instruction qu'on y puisait et donnant ainsi aux professeurs la plus douce récompense que pussent ambitionner leurs travaux ardus et consciencieux !

Si je porte mes regards vers le service des malades, je suis témoin de l'exactitude, de l'attention et de l'affectueuse charité qu'y déploient les officiers du corps de santé de tous grades ; et c'est justice que de comprendre les étudiants dans ces mêmes éloges.

J'avais pris la douce habitude de me considérer comme le chef d'une nombreuse famille dans laquelle règne une harmonie constante dans de communs efforts ; c'est vous dire les regrets que causera en moi une prochaine séparation ; mais je garderai fidèlement votre souvenir, et mon cœur ne sera point tellement détaché de vous, qu'il ne reste sensible à tout ce qui pourra vous arriver d'heureux. Je vous remercie donc avec effusion, Messieurs, du concours empressé que j'ai toujours trouvé autour de moi ; et je ne saurais mieux vous montrer à quel degré j'en apprécie la valeur, qu'en complimentant à l'avance le directeur qui me remplacera, d'avoir sous ses ordres des officiers et des élèves tels que vous.

Maintenant, il me reste une autre dette à payer ; j'ai à vous entretenir de M. Quoy, ancien inspecteur général du service de santé de la marine, commandeur de la Légion d'honneur, membre correspondant de l'Institut, qui a succombé à Rochefort, le 4 juillet 1869, à l'âge de 79 ans. Sa mort a passé presque inaperçue parce que, fidèle aux sentiments de modestie et de simplicité de toute sa vie, il n'a voulu aucune pompe à ses obsèques, ni honneurs militaires, ni discours d'apparat. Conformément à ses désirs depuis longtemps exprimés et manifestés de nouveau la veille du jour suprême, ses dépouilles mortelles ont été conduites au lieu de sa naissance ; c'est le prêtre de son village qui a dit la dernière prière sur sa tombe creusée à côté de celle d'une mère tendrement chérie.

Je ne crois pas cependant enfreindre sa volonté en retraçant ici l'existence d'un homme de bien, d'un savant, d'un chef, d'un modèle à mettre sous les yeux de notre jeunesse médicale qui apprendra, par cet exemple salutaire, jusqu'où l'on peut monter quand on prend pour échelons le travail, la probité et l'amour du prochain. Le silence est-il possible, d'ailleurs, en présence de ce portrait généreusement donné par la famille, et que nous inaugurons aujourd'hui ? Quoy, l'une des personnalités les plus éminentes de notre corps, appartient aux médecins de la marine, à ceux de Rochefort surtout, et il y aurait ingratitude à ne pas rendre à sa mémoire un solennel hommage. Je ne puis me défendre toutefois d'un vif sentiment d'émotion et de crainte en face d'un tel sujet ; il ne suffit pas d'avoir beaucoup aimé celui dont on veut faire l'éloge, il faudrait être un peu ce qu'il a été beaucoup, pour l'apprécier comme il le mérite. Malgré mon insuffisance, j'essaierai d'accomplir ce pieux et imprescriptible devoir. Je fais appel à votre indulgence ; ce n'est point une biographie que je vous offre, je n'ai d'autre prétention que de tracer une esquisse dont je garantis la ressemblance, me reposant sur vous du soin de lui donner le coloris et l'animation de la vie.

A quelques lieues de Rochefort, là où finit le département de la Vendée, sur la rive droite de la Sèvre Niortaise, s'élève un village, du nom de Maillé, placé entre Marans que Henri IV affectionnait tant, et l'antique abbaye bénédictine de Maillezais où Rabelais se réfugia en sortant du couvent des Franciscains de Fontenay. Toute cette contrée faisait partie du gouvernement d'Agrippa d'Aubigné, l'aïeul de Mme de Maintenon. C'est dans ce village de Maillé, à qui ne manquent pas, vous le voyez, d'illustres et anciens souvenirs, qu'est né M. Quoy le 10 novembre 1790.

La grand'mère de M. Quoy était fille d'un maître en chirurgie ; elle avait quatre frères, tous médecins comme leur père, et une sœur qui avait épousé le chirurgien major d'un régiment de cavalerie du roi. Cette atmosphère médicale qui l'enveloppait de toutes parts, fit naître sans doute en elle la vocation de famille ; à l'âge de 26 ans, quoique mariée, elle se fit recevoir maîtresse en l'art de chirurgie ; son diplôme, daté du 25 juin 1760, lui fut délivré, après examens, par la communauté des maîtres chirurgiens de la ville de Fontenay-le-Comte. Elle eut trois enfants, trois médecins ; l'un de ses petits-fils ne pouvait manquer de le devenir à son tour.

Elevé à la campagne, dans une profonde solitude, sans camarades dont le contact donne de l'expansion aux facultés de l'âme, Quoy apprit de bonne heure à se replier sur lui-même ; son caractère naturellement sérieux se tourna vers la méditation et, dès sa plus tendre enfance, il savait se suffire. A cette époque, on sortait à peine de la tourmente révolutionnaire et l'instruction était renfermée dans de bien étroites limites. Tout ce que l'on put faire pour lui fut de l'envoyer à Marans prendre des leçons de lecture, d'écriture et de grammaire. Dans cette école primaire, il donna déjà des gages de ses heureuses dispositions, et sa mémoire avait été si bien remarquée qu'il fut, à l'âge de neuf ans, choisi pour réciter, du haut de la chaire de l'église, la Constitution de l'an VIII ; Quoy débita avec aplomb sa longue tirade et reçut, comme témoignage de satisfaction de la municipalité, une couronne de laurier, tressée avec des rubans tricolores.

Rappelé à Saint-Jean de Liversay, près de sa famille, à l'âge de dix ans, il accompagnait son père dans ses tournées médicales ; le soir, près du foyer, il lisait à haute voix les livres de science ; il entendait parler de Desault, de Louis, de Boyer et sans qu'il s'en rendit compte lui-même, les germes de la profession médicale pénétraient en lui et s'y développaient à l'avance.

Mais ces occupations ne suffisaient pas à calmer l'ardeur de son esprit avide d'apprendre et de connaître ; quoique son éducation ne fut encore qu'ébauchée, il s'assimilait par une sorte d'intuition les ouvrages, quels qu'ils fussent, que le hasard pla-

çait sous sa main : la Bible , la Vie des Saints , les Éloges de
Fontenelle , Florian , les Voyages de Biron et de Cook. Ces derniers surtout laissèrent dans sa jeune mémoire des traces que
le temps n'a jamais effacées et firent sur son imagination, une
autre impression que les gracieuses pastorales du capitaine de
dragons ; d'un côté l'idéal et le romanesque , de l'autre la vérité
dans toute sa force avec ce qu'elle présente de plus saisissant ,
de plus curieux et de plus terrible ; des pays inexplorés , un sol
vierge , des végétaux et des animaux inconnus, des hommes à
l'état sauvage , mille dangers à courir , des tempêtes , des nau-
frages. Déjà, chez l'enfant, se révélaient les aspirations de l'homme
destiné à devenir médecin , naturaliste et voyageur.

Le 19 novembre 1806, il fut admis comme étudiant en médecine à Rochefort ; la culture de son esprit , confiée jusque là au
curé de Maillé , était alors assez avancée pour que le travail pro-
duisît de riches moissons. Profitant avec empressement des ressources du collége communal qui venait d'être institué à Rochefort , l'élève , après son service de l'hôpital , allait s'asseoir sur
le banc des écoliers , faisant ainsi marcher parallèlement deux
genres d'études différents. Le besoin de s'instruire était chez lui
irrésistible à ce point qu'à l'âge de dix-neuf ans, après avoir déjà
navigué, il retournait encore au collége où, avec autant de téna-
cité que de succès, il compléta son éducation littéraire.

Nommé chirurgien auxiliaire de 3e classe le 24 août 1807 , il
fut embarqué sur la corvette *le Département des Landes,* en sta-
tion dans la Gironde ; l'embouchure de ce fleuve était bloquée
de près par les Anglais et le branle-bas de combat était en perma-
nence à bord ; une nuit, par un coup de vent doublant la vitesse
du courant si rapide d'ordinaire , la corvette faillit se perdre sur
les roches ; ce fut là le premier des nombreux périls auxquels il
devait être exposé.

En avril 1808 , la corvette ayant reçu l'ordre d'accomplir une mission à la mer, il obtint d'aller, avant son départ, prendre congé de ses chers parents. Si je rapporte ce fait insignifiant en lui-même , c'est qu'il vous donnera la mesure de son exactitude , de sa subordination, de sa religion du devoir, qualités précieuses qui lui ont valu, avec tant d'autres, les suffrages de ses chefs, à tous les degrés de la hiérarchie. Pour rejoindre son poste il traversait donc Rochefort précisément au moment où l'Empereur et Joséphine y entraient à leur retour de Bayonne ; Napoléon était à l'apogée de sa fortune et de sa gloire. Malgré un certain penchant pour les idées républicaines qui ont laissé au fond de son cœur de vivaces racines, Quoy ne pouvait se défendre d'un sentiment d'admiration et d'enthousiasme pour le héros qui remplissait le monde de son nom. Le désir de se trouver sur son passage , de le voir un instant et d'en emporter le souvenir était un sentiment bien naturel ; mais un retard d'une heure l'exposait à dépasser le terme de sa permission et il n'hésita pas à sacrifier sa légitime curiosité aux exigences de la discipline.

Dans le mois de septembre suivant, la corvette appareilla et elle réussit à tromper la surveillance des croisières ennemies. En arrivant à la Guadeloupe, elle eut à soutenir un combat contre le brig anglais la *Maria* qui fut amariné ; un second engagement non moins glorieux eut lieu, dans la traversée de retour, à la hauteur des Bermudes. En janvier 1809, sans nouvelle rencontre, la corvette reprenait heureusement son mouillage dans la Gironde. Le brave commandant de ce navire, sur lequel M. Quoy avait reçu le baptême du feu, était le lieutenant de vaisseau Raoul, père de notre regretté collègue, médecin professeur à Brest, prématurément enlevé à un corps qu'il honorait déjà et dont il était l'espérance.

Quoy rentra à Rochefort le 11 avril 1809 ; peu de temps après, il tirait à la conscription ; sa faiblesse de constitution fit prononcer sa réforme. On sait qu'à cette époque les conseils de révision déployaient une extrême sévérité ; l'immense consommation d'hommes sur le champ de bataille rendait les exemptions fort rares ; pour n'être point enrôlé, il fallait être trois fois impropre au service. Sa débilité d'organisation était telle que, lorsqu'il entreprit son premier voyage de circumnavigation, M. Tuffet, président du conseil de santé, qui avait pour lui autant d'estime que d'affection, essaya, mais en vain, de le dissuader de cette longue et périlleuse campagne. Sous cette frêle enveloppe se cachait une incroyable activité ; l'esprit dominait la matière : il se sentait échauffé par le feu sacré de la science, fortifié par l'énergie d'une âme vigoureusement trempée ; il a bien montré qu'il n'avait pas trop présumé de ses forces ; et en effet, le mal de mer dont il était constamment et cruellement atteint, ne l'a jamais arrêté dans l'exercice de ses fonctions à bord ; quand vaincu enfin, il était condamné à quelques heures de repos, ce repos n'était que relatif, car de son lit, où le suivait une opiniâtre volonté, il dessinait, avec une scrupuleuse exactitude, les nombreux échantillons zoologiques si habilement reproduits dans les planches des voyages de l'*Uranie* et de l'*Astrolabe*. A terre, dans les hôpitaux, il apportait la même résistance inflexible à des maux qui auraient abattu et découragé tout autre que lui ; jusqu'à la fin de sa carrière, il a lutté avec succès contre des souffrances inouïes ; et non-seulement il a rempli consciencieusement ses obligations de médecin et de professeur, mais encore tout le temps laissé disponible par le service, il l'a consacré au travail de cabinet qu'il a poursuivi jusqu'à son dernier jour.

Quand M. Quoy était étudiant à Rochefort, les cours ne se faisaient pas avec la régularité que vous constatez aujourd'hui ; mais la jeunesse médicale était animée d'une saine émulation ; elle s'était constituée en une sorte d'école mutuelle où, dans des réunions spontanées, on faisait entre tous l'échange des connaissances acquises par chacun. Saint-Hilaire, médecin de deuxième

classe fort instruit, qui est devenu célèbre depuis par sa noble
conduite sur le vaisseau l'*Achille*, à Trafalgar, était le meilleur
de ces professeurs improvisés ; il était chargé de démontrer l'anatomie en prenant pour guide l'immortel ouvrage de Bichat, qui
avait le talent de faire oublier l'aridité d'une description minu-
tieuse en y rattachant des considérations physiologiques du plus
haut intérêt, en mettant en relief la perfection fonctionnelle de
chaque partie du corps et l'étroite relation des détails avec l'en-
semble de l'organisme humain.

Les professeurs titulaires se faisaient souvent suppléer dans
l'enseignement par de jeunes médecins ; ils se contentaient d'assister aux leçons qu'on faisait pour eux. C'est ainsi que M. Quoy,
alors chirurgien de deuxième classe, fut chargé de la démonstration théorique et pratique de la laryngotomie et de la taille ; à
d'autres de ses collègues était confié le reste de la médecine
opératoire.

Au mois d'avril 1811, Quoy fut reçu chirurgien de troisième
classe entretenu. A la suite d'un brillant concours, où vingt-quatre
candidats se disputaient huit places, il obtint le premier rang.
Envoyé à Bayonne pour embarquer sur le *Flibustier*, il mit à profit
un séjour de deux ans dans cette ville pour étudier chez un dessi-
nateur, l'architecture dans ses rapports avec l'archéologie, science
dont personne ne s'occupait alors et qui depuis a été popularisée
par le savant M. de Caumont. Pour donner une idée de l'ardeur
qu'il apportait en toutes choses, je dirai qu'il eut le courage
et la patience de copier et de reproduire tout entiers *Vitruve*
et *Vignole*.

Quoy avait laissé dans l'esprit de ses chefs un si bon souvenir
que dix mois après sa première nomination, il fut promu, à
l'absence, le 1er février 1812, au grade de chirurgien de deuxième
classe.

En 1813, à l'âge de 23 ans, il se faisait recevoir docteur en médecine à la Faculté de Montpellier. On parlait d'exiger prochainement des candidats à ce titre universitaire, le diplôme de bachelier ès-lettres. L'un de ses juges lui faisant compliment d'être dispensé de cette formalité, il écrivit sa thèse en latin.

En 1814, sur le transport la *Loire*, il fit une campagne à Bourbon, qu'il devait visiter bien des fois dans ses futures explorations.

En 1816, alors que la paix était assurée, et que les mers étaient redevenues libres, le gouvernement eut l'heureuse pensée de destiner pour un voyage de circumnavigation, la corvette l'*Uranie*, sous le commandement de M. le capitaine de frégate de Freycinet, frère de l'amiral qui a été préfet maritime à Rochefort et gouverneur à Bourbon. Cette expédition était la première qui, destinée au progrès des connaissances humaines, n'eut point spécialement l'hydrographie pour objet. La détermination de la forme du globe terrestre dans l'hémisphère Sud, l'observation des phénomènes magnétiques et météorologiques, enfin l'étude des trois règnes de la nature formaient la base essentielle de cette mission. On devait s'y occuper encore de recherches sur les mœurs, les usages, les langues des peuples indigènes ; et la géographie, sans être absolument exclue, fut cependant reléguée au dernier rang.

Au milieu de compétitions nombreuses, Quoy eut l'honneur insigne d'être désigné comme chirurgien-major de l'expédition ; en apprenant que M. de Freycinet tenait à remplir toutes les conditions d'un aussi vaste programme avec les seules ressources de son personnel maritime, sans le concours d'aucun savant de profession, Quoy comprit, avec une certaine inquiétude, l'immense responsabilité qui allait peser sur lui, puisque la zoologie lui était attribuée. Mais un caractère comme le sien réagit avec l'élasticité d'un ressort ; après avoir mesuré ses forces, sa puissance de volonté, sa patience, son courage et son amour du travail, il accepta cette rude tâche ; et les résultats ont prouvé avec quel talent il a su s'en acquitter. Il choisit pour collaborateurs Gaimard, comme second chirurgien, et Gaudichaud, pharmacien de troisième classe, comme botaniste. On ne pouvait avoir la main plus heureuse : le premier a attaché son nom à deux voyages autour du monde et à une très intéressante campagne en Islande et dans les mers du Nord ; l'autre, chef d'école, par ses ingénieux travaux de phytographie, est devenu membre de l'Institut, nomination d'autant plus flatteuse que son élection s'est faite pendant qu'il continuait au loin ses explorations scientifiques. Tous les deux sont, jusqu'à leur mort, restés les fidèles et reconnaissants amis de celui qui avait eu le mérite de les deviner et de les produire.

Pour le guider dans ses recherches, Quoy avait obtenu une riche et complète bibliothèque. Rien ne lui fut refusé en instruments, ustensiles, etc., pour la conservation de ses collections : en témoignage de l'intérêt sérieux que l'Etat attachait à cette expédition, au point de vue de la zoologie, il fut délivré à l'*Uranie* 80 kilog. de poudre de première qualité, et 500 kilog. de plomb de chasse. Cette libéralité est devenue une sage prévoyance, car l'approvisionnement a servi, après le naufrage de la corvette, à assurer, pendant bien des jours, la nourriture de l'équipage.

M. Keraudren, médecin en chef des armées navales, inspecteur général du service de santé de la marine, avait écrit, pour le voyage de l'*Uranie,* une instruction sanitaire des plus remarquables, dans laquelle il recommandait la distillation de l'eau de mer pour la rendre potable, et l'usage des caisses en fer pour la conservation de l'eau. C'est l'*Uranie* qui a fait le premier essai de ces heureuses innovations, en même temps qu'elle mettait à l'épreuve deux autres grands progrès nautiques, les préparations alimentaires d'Appert, et les chaînes en fer au lieu de câbles.

De son côté, l'Académie des sciences, malgré les regrets

qu'elle pouvait éprouver de ne point contribuer directement à la gloire de l'expédition, n'hésita pas à préparer de lumineuses instructions ; une note détaillée et spéciale était consacrée à chaque partie de la science.

M. Quoy partait donc armé de toutes pièces. La corvette mit à la voile, de Toulon, le 17 septembre 1817.

Maintenant la vapeur fait d'un voyage autour du monde, presque un train de plaisir ; mais en 1817, les conditions n'étaient pas les mêmes, et une telle expédition était grosse de privations et de périls de toutes sortes. Je n'essaierai pas de suivre la corvette l'*Uranie* ; cette histoire a été écrite par son commandant avec un talent qui donne à l'habile marin de Freycinet le double lustre du savant et de l'homme de lettres. Il me suffira de vous rappeler que l'expédition visita la presqu'île Péron, dans l'ouest de la Nouvelle-Hollande ; Timor et Dillé; les îles des Papous, l'archipel des Mariannes; les îles Sandwich ; le port Jackson, Botany-Bay et toutes les contrées situées dans l'ouest jusqu'à Bathurst. Quoy et Gaudichaud sont avec Pellion, devenu depuis vice-amiral, les premiers qui aient franchi les Montagnes bleues et parcouru les vastes solitudes qui s'étendent au delà de cette chaîne gigantesque. Ils ne se doutaient pas, ces intrépides pionniers de la science, qu'ils foulaient une terre récélant dans son sein des mines d'or, et qu'une nombreuse population devait occuper plus tard ces plaines stériles et désertes.

Vous savez que du port Jackson, la corvette l'*Uranie*, parcourant le grand Océan, rencontra plusieurs bancs de glace, alla reconnaître le cap Horn, mouilla quelques instants dans la baie du Bon Succès, sous la Terre de Feu, d'où elle fut chassée par une horrible tempête ; que peu de jours après, le 14 février 1820, elle toucha sur les roches sous-marines des îles Malouines, et que, douze heures plus tard, elle s'échoua, pour ne plus s'en relever, sur le sable de la Baie française. Toutes les collections étaient submergées, et ce ne fut qu'après un séjour de plus d'un mois sous l'eau, que l'on parvint à sauver une partie de ces richesses scientifiques. Quatre longs mois furent passés sur ces plages ; enfin un bâtiment marchand, que le hasard conduisit sur cette côte inhospitalière, fut acquis pour le compte du gouvernement, et, baptisé du nom de la *Physicienne*, il ramena les naufragés en France, le 13 novembre 1820.

Il faudrait, Messieurs, pour vous rendre compte de la part d'action de M. Quoy dans cette mémorable campagne, de longues, de très longues pages. J'ai lu son journal, rédigé avec une simplicité et une franchise qui en doublent l'intérêt ; il y parle plus de Gaimard et de Gaudichaud que de lui-même, mais il n'est pas difficile de déchirer le voile dont sa modestie couvre tout ce qui le concerne personnellement. Il trouvait du temps pour tout; il donnait des soins empressés à ses nombreux malades atteints par de graves épidémies, et il en écrivait l'observation médicale ; il liait les deux extrémités d'une artère radiale sur un pêcheur de baleines ; aucun obstacle, ni les marais les plus malsains, ni les montagnes les plus escarpées, ni le voisinage de peuplades sauvages, n'arrêtait ses courses exploratrices, et quand il rentrait à bord chargé de butin et brisé de fatigue, il se reposait en disséquant et en reproduisant par le dessin, les animaux qu'il avait colligés. Je ne crains pas d'affirmer que, dans cette campagne de plus de trois ans, il n'a pas laissé passer un jour sans consacrer seize à vingt heures au travail.

Il est bien à regretter que ces précieux documents, légués à l'un de ses frères, n'aient pas été publiés dans le temps, car ils ne se bornent pas à la zoologie ; ils touchent à toutes les questions posées par l'Institut.

Appelé à Paris pour la publication du voyage, Quoy fut chargé avec Gaimard de la rédaction de la zoologie, ouvrage qui plaça ses auteurs au premier rang des naturalistes. Voici dans quels termes Cuvier l'appréciait dans son rapport à l'Académie des sciences : « Malgré l'événement des îles Malouines qui a occasionné « la perte de plusieurs caisses d'histoire naturelle, la collection « zoologique, déposée au Muséum, est encore très précieuse par « la multitude des échantillons et par leur importance. Sans « donner ici l'énumération de toutes les espèces nouvelles et « rares que l'expédition a apportées, il suffira de dire que l'atlas « de zoologie de MM. Quoy et Gaimard contient le dessin de deux « cent cinquante-quatre animaux ou pièces d'anatomie, parmi « lesquels deux cent vingt-sept espèces nouvelles, comprenant quinze « genres nouveaux ; les autres dessins appartiennent à des espèces « mal connues et non figurées jusqu'à ce jour. Le texte contient, « en outre, la description de quatre-vingts espèces nouvelles « qu'on n'a pas dessinées, en sorte que le nombre d'animaux « nouveaux que l'ouvrage fait réellement connaître, ne s'élève « pas à moins de trois cent-sept.

« On peut donc regarder cette partie des collections de l'*Uranie* « comme l'une des plus précieuses acquisitions que l'histoire des « animaux ait faite dans ces derniers temps ; et si l'on excepte « l'expédition de Baudin, pendant laquelle le zèle infatigable de « Péron et de Lesueur nous avait procuré des collections prodi- « gieuses, aucune expédition nautique n'a été aussi profitable à « la zoologie. »

Quel singulier rapprochement ! Péron, que les éloges de Cuvier associent à M. Quoy, était aussi lui d'une santé déplorable ; mais tous deux étaient également doués : *Mens magna in corpore parvo.*

Le 1er février 1821, Quoy fut nommé chirurgien de 1re classe.

A la fin de 1822, une place de professeur d'anatomie était vacante au port de Rochefort. Quoy n'avait pas les deux ans de grade exigés par le réglement, pour la candidature à ce grade ; malgré de pressantes sollicitations, il ne voulut pas être l'objet d'une exception ; son esprit droit et honnête regardait comme synonymes les mots faveur et injustice. Il refusa, au même moment, la place de médecin en chef, à Bourbon, parce que la simplicité de ses goûts et la modération de ses besoins n'attachaient aucun prix à l'argent. La clientèle civile, d'ailleurs, à laquelle par nécessité on ne pouvait se soustraire, à Bourbon, n'avait aucun attrait pour lui. Il savait à combien d'embarras, de déceptions, d'angoisses parfois elle expose fatalement. « Je n'aime, » disait-il, « voir des malades que sur les vaisseaux et dans les « hôpitaux, dociles, soumis, presque toujours reconnaissants et « militairement alignés. »

Quoy, qui s'effaçait si volontiers lorsqu'il s'agissait de lui, ne reculait devant aucune démarche quand l'intérêt des autres était en jeu. En 1822, la *Coquille* allait entreprendre un voyage de circumnavigation ; il réussit à faire agréer à M. le commandant Duperré, Lesson aîné, pharmacien de la marine, qui a si bien justifié ce choix et qui, lui aussi, est une des illustrations de notre port.

En 1824, ayant achevé ses publications de la zoologie, Quoy vint concourir à Rochefort pour une chaire d'anatomie. Il avait pour compétiteurs, MM. Triaud et Repey, qui ont laissé, dans notre Ecole, de si honorables souvenirs. La place lui avait été offerte sans concours par M. Keraudren ; il refusa et ne la dut qu'à son propre mérite. Nul n'a été plus partisan que lui de ces épreuves publiques qu'il regardait comme le palladium des officiers de santé de la marine. Le concours, dans son opinion, est la sauvegarde de la dignité, de l'indépendance du corps de santé, du crédit dont il jouit aux yeux de toute la marine.

Il concourut donc. Je me rappelle que la question qu'il eut à traiter à son premier examen, était l'anatomie et la physiologie de l'œil. Il avait demandé un tableau noir à géométrie et, pendant une heure, qui parut bien courte à un auditoire nombreux et choisi, le crayon d'une main, l'éponge de l'autre, il dessina, en les expliquant, les figures qui retraçaient l'appareil si compliqué de la vision. Ce mode de démonstration, vulgarisé aujourd'hui, et qui n'était alors pratiqué que par MM. Cuvier et de Blainville, produisit une sensation profonde qui s'accrut encore quand il esquissa rapidement, et avec une incomparable netteté, les organes visuels des divers animaux pour les comparer à ceux de l'homme. Les leçons qu'il fit plus tard comme professeur, eurent une grande influence sur l'instruction de tous. L'anatomie comparée éclaire d'une vive lumière l'anatomie humaine.

En 1826, on arma l'*Astrolabe* pour une autre mission scientifique. L'expédition avait pour but principal la reconnaissance géographique de la Nouvelle-Guinée. M. Quoy avait connu à Toulon M. Dumont d'Urville, et malgré son grade de professeur qui l'exemptait de la navigation, malgré sa santé toujours chancelante, il sentit se réveiller en lui l'ambition de faire une nouvelle campagne. Il y a de ces natures que le danger attire. Sûr d'être agréé par le commandant, il demanda la place de chirurgien-major qu'il croyait vacante ; elle était déjà promise à Gaimard, son ancien compagnon, qui n'avait pas soupçonné cette concurrence. Conséquent avec ses principes, Quoy déclina tout aussitôt sa candidature ; mais Gaimard ne voulut point accepter ce sacrifice, et alors commença, près du ministre de la marine, une série de nobles et généreuses démarches, en partie double, chacun de ces fidèles amis plaidant pour son compétiteur : « C'est la première fois de ma vie, leur dit M. le comte de Chabrol, que je vois des solliciteurs de votre espèce ; eh bien, je vous renvoie dos à dos ; Monsieur Gaimard, vous resterez le chirurgien-major de l'*Astrolabe* ; vous, Monsieur Quoy, vous en serez le naturaliste, et je vous souhaite à tous les deux le succès dont vous êtes si dignes. »

Lesson jeune, marchant à grands pas sur les traces de son frère, leur fut adjoint comme botaniste.

Personne ne se faisait illusion sur les dangers qu'avait à courir l'*Astrolabe*, pour reconnaître cette partie de la Nouvelle-Guinée qui forme le tant redouté détroit de Torres. M. de Freycinet n'hésita pas à dire au ministre de la marine, qui lui demandait son sentiment sur cette expédition, que le navire avait bien des chances d'y périr. En Angleterre, le capitaine King, qui avait fait la géographie de la Nouvelle-Hollande, tint le même langage à Gaimard; il ajouta qu'il ne voudrait pas se charger d'une semblable mission sans avoir au moins deux bâtiments munis de six chaînes en fer.

Ces sinistres prévisions ne se réalisèrent pas complétement; car l'*Astrolabe*, partie de Toulon le 25 avril 1826, rentrait à Marseille le 25 mars 1829, mais après avoir accompli une des plus périlleuses campagnes des temps modernes. En effet, elle avait touché deux fois à la Nouvelle-Zélande, dans la passe des Français. A la même île, dans le fond de la baie d'Abondance, elle reçut au mouillage, pendant la nuit, un très violent coup de vent, battant en côte; la corvette chassa et ne s'arrêta, retenue par une seule patte d'ancre, qu'à la distance d'une encâblure des récifs à pic sur lesquels déferlait une mer furieuse; la perte du bâtiment et de l'équipage aurait été comme une seconde édition du naufrage de Lapérouse. Une autre fois, pendant deux jours et demi, la corvette resta en perdition à Fontagabou; puis ce fut le tour des récifs des îles Vitré; plus tard, à la Nouvelle-Irlande, à l'entrée du havre Carteret, par un coup de vent-tempête, l'*Astrolabe*, couverte de toile, parvint, en courant le risque de chavirer, à doubler à l'honneur l'île Leth, sur laquelle tous croyaient trouver la mort; enfin, dans le détroit de Dampier, entre la Nouvelle-Bretagne et la Nouvelle-Guinée, l'*Astrolabe* talonna avec force, mais elle réussit à franchir en laissant sur la roche une grande partie de sa fausse-quille; par un bonheur providentiel, le temps était maniable: un peu plus de vent, un peu plus de houle, et les canots auraient été l'unique planche de salut de l'équipage; or, pour gagner la terre la plus voisine, il y avait trois cents lieues à parcourir sous un soleil ardent. Malgré soi on évoque, en pareille occurrence, le douloureux souvenir de la *Méduse*.

Ces dangers, conjurés par l'habileté et le sang-froid du commandant d'Urville, admirablement secondé par un état-major de choix, excitaient, au lieu de les refroidir, le zèle et l'activité de tous. Ainsi, en janvier 1827, mouillée dans la baie Tasman, la corvette, après des efforts inouïs et longtemps infructueux, venait de réussir, en se touant au large, à échapper à un naufrage presque certain ; à peine était-elle à l'abri des vents et des courants, qu'une des embarcations se détachait du bord pour conduire, dans un but scientifique, Quoy et deux autres officiers sur cette terre abrupte, hérissée de rochers naguères si menaçants. Telle est la noble existence de l'homme de mer.

Dans une circonstance analogue, près des récifs de Tongatabou, la perte du bâtiment semblait imminente, chacun faisait déjà ses préparatifs de sauvetage; Quoy songea avant tout à mettre en sûreté, au fond de la poche de sa redingote, un très petit flacon, précieuse richesse, contenant l'animal encore inconnu d'une trigonie, qu'il avait trouvé sous le cap Dromadaire, à la Nouvelle-Hollande, et qui figure avec distinction dans l'atlas de l'*Uranie*.

Cette sollicitude pour une coquille était un pur hommage à la science, car M. Quoy n'a jamais rien gardé pour lui de ses immenses collections ; il donnait tout au Muséum, sauf quelques doubles qu'il partageait entre les naturalistes les plus distingués, de Blainville, de Roissy, Desmarets, par exemple ; de Blainville, dans la préface de son grand ouvrage, fait allusion à cette libéralité, qu'il appelle « la générosité de la jeunesse. » Pour cette qualité, et bien d'autres encore, Quoy a conservé cette fraîcheur de jeunesse jusqu'à l'âge le plus avancé.

Permettez-moi de vous rappeler que c'est l'*Astrolabe* qui, sur les indications du capitaine de commerce Dillon , a retrouvé le lieu où a péri Lapérouse : Vanicoro, l'une des îles du Saint-Esprit, que D'Entrecasteaux avait entrevue et nommée l'île de la Recherche, la seule peut-être de tout cet archipel, exploré par lui avec tant de soin, qu'il n'eut point approchée et qui, précisément, renfermait l'objet de sa mission.

Pendant toute cette campagne, Quoy suivit les errements de sa première navigation ; seulement, éclairé par l'expérience et en prévision d'un naufrage probable, de tous les points de relâche il expédiait à Paris, à l'Institut et au Muséum, des caisses d'histoire naturelle et de nombreux dessins. Pour montrer comment furent appréciés ses nouveaux travaux, j'extrairai quelques passages du rapport fait à l'Académie : « Malgré les contre-temps éprouvés « par l'expédition de l'*Astrolabe*, » disait M. Cuvier, « MM. Quoy et « Gaimard ont envoyé et rapporté des collections plus nombreuses « qu'il n'en avait été formé jusqu'à ce jour ni par leurs prédé-« cesseurs ni par eux-mêmes. » (*Vires acquirit eundo*) « Rien ne « manquera en exactitude sous le rapport des dessins , M. Quoy « ne s'en étant reposé que sur lui-même , et ce qui est vraiment « prodigieux, ajoutait-il, tous les objets ont été dessinés deux fois « dans la crainte d'évènements pouvant détruire ces travaux. »

De son côté, M. d'Urville, dans sa communication à l'Institut, le 12 mai 1829 , s'exprimait en ces termes : « MM. Quoy et « Gaimard ont constamment étudié avec un zèle et une patience « admirables toutes les productions du règne animal. La science « devra au premier, une suite de plus de quatre mille dessins « relatifs à près de douze cents espèces d'animaux, la plupart « nouveaux, exécutés et coloriés par lui-même sur le vivant, et « ses observations étendront sans doute beaucoup cette partie de « l'histoire naturelle. »

Vous faites-vous une idée exacte, Messieurs, de cette effrayante fécondité : quatre mille dessins et quatre mille copies , dans l'espace de trente-cinq mois , ce qui donne , en moyenne , huit dessins par jour, en dehors des autres occupations de la vie de bord !

Me sera-t-il permis, après des autorités aussi compétentes, de signaler un fait qui montrera quelle probité scientifique Quoy apportait dans toutes ses recherches. Il y a peu de mois, il montrait à M. le professeur Peyremol et à moi un album de ses souvenirs de circumnavigation ; en marge du dessin d'un crustacé parasite, nous vîmes écrit : *Caractère douteux*; dix pages plus loin était reproduit le même animal corrigé, avec cette note : *J'avais bien fait de ne point affirmer.*

Appelé à Paris pour la publication du voyage de l'*Astrolabe*, œuvre bien plus importante encore que celle de l'*Uranie*, Quoy y trouva les affections et les sympathies de son premier séjour ; Cuvier, de Blainville, Geoffroy Saint-Hilaire, Brongniart, Biot, Cordier et tant d'autres, lui firent un accueil chaleureux. Cuvier voulait le garder près de lui, dans son logement au Muséum, pour qu'il l'aidât à classer et à placer tant de milliers d'objets. Jaloux de conserver son indépendance , Quoy n'accepta pas cette gracieuse hospitalité, mais chaque jour, pendant quatre heures, il allait travailler avec le grand naturaliste.

En 1831, sans sollicitations, il fut nommé membre correspondant de l'Institut dans la section d'anatomie et de zoologie , en remplacement de l'Allemand Blumenbach, savant fort connu par ses travaux sur l'unité des races humaines.

Cuvier mourut en 1832 ; sa chaire d'anatomie comparée échut à de Blainville, qui était chargé des mollusques et zoophites. De Blainville désirait vivement être remplacé dans son enseignement par M. Quoy qui, selon lui, en raison de ses voyages et de ses études spéciales, connaissait le mieux, et d'après nature, cette branche de l'histoire naturelle. Geoffroy Saint-Hilaire s'empressa d'en aviser M. Quoy, qui était alors à Rochefort , en l'invitant à unir ses démarches personnelles à celles de ses nombreux amis. On sait que les places de professeur au Muséum sont données par le ministre, qui exerce son choix sur deux listes de présentation, l'une émanant des professeurs, l'autre dressée par l'Académie des sciences. Les suffrages de cette double liste semblaient acquis à M. Quoy, quand tout à coup survint le décès de Portal, professeur d'anatomie humaine au Jardin des Plantes. Tout s'enchaîne dans ce monde, et les petites causes ont toujours produit les grands effets. La candidature de Serres à la chaire d'anatomie, chaudement patronné par un des membres influents de l'Institut, fut combattue avec énergie et succès par un collègue non moins éminent ; de ce conflit, qui fit naître une rancune et provoqua une revanche, M. Quoy fut la victime. Valenciennes, présenté par l'Académie, fut appelé à succéder à de Blainville. C'est, je crois, le seul exemple d'une présentation faite par la grande majorité des professeurs du Muséum venant échouer aux portes de l'Institut. Navigateur habitué à l'inconstance des vents, au caprice des flots, aux écueils, Quoy supporta stoïquement ce nouveau naufrage ; son amour-propre ne fut pas même entamé, et il ne conserva d'autre regret de cet échec que de ne pouvoir, grâce à son esprit méthodique et éclairé, mettre de l'ordre dans les riches collections du Muséum, et de n'avoir pas sous la main les matériaux nécessaires à la confection d'un ouvrage de conchyliologie qui manquait alors (car celui de Lamarck avait bien vieilli) aux nombreux adeptes de cette science, attirés et séduits par l'éclat des couleurs et la variété des formes de ces êtres singuliers formant le trait-d'union entre le règne végétal et le règne animal.

Ici s'arrêtent les titres scientifiques de M. Quoy. Suivons-le maintenant dans sa carrière maritime :

Nommé second médecin en chef le 16 avril 1828, pendant son voyage sur l'*Astrolabe,* il se vit obligé de changer la direction de ses études ; il avait toujours compté suivre la ligne chirurgicale.

La sûreté de sa main , son habitude des fines dissections , ses profondes connaissances anatomiques, ses goûts enfin le portaient vers la médecine opératoire.

Le 21 juillet 1835 , Quoy fut promu au grade de premier médecin en chef; il lui fallut quitter le port de Rochefort où il avait toujours servi. Brest et Toulon, où il a longtemps présidé les conseils de santé, n'ont point oublié la bienveillance , la justice et la fermeté avec lesquelles il a exercé les fonctions de chef de corps. En 1848, sans que personne autre que moi l'ait jamais su, il a été près de M. Fouillioy, alors inspecteur général, l'interprète éloquent des doléances des officiers placés sous ses ordres , dans la mesure, toutefois, qui lui paraissait raisonnable et légitime.

C'est pendant un de ses séjours à Toulon que fut préparée une expédition au pôle Sud, sous le commandement de M. d'Urville qui, après avoir couru tant de dangers dans trois voyages autour du monde, était destiné à trouver une mort obscure dans la catastrophe du chemin de fer de Versailles. Malgré son grade de médecin en chef, Quoy aurait bien voulu accompagner son ancien commandant et M. Jacquinot, sur l'*Astrolabe* et la *Zélée*, mais « sa grandeur l'attachait au rivage. »

Sa nomination à l'Inspection générale, le 17 novembre 1858, lui conféra le grade le plus élevé du corps. En prenant possession de ses nouvelles fonctions, il songea tout d'abord à s'acquitter envers Saint-Hilaire, son premier professeur, alors en retraite. Il obtint, pour lui, la croix d'honneur, vainement sollicitée jusque-là pour le courage exceptionnel que ce chirurgien-major avait déployé à Trafalgar. Cette juste réparation d'un long oubli causa une douce satisfaction à M. Quoy qui adressa à Rochefort, avec prière de la déposer dans les archives de l'Ecole, en raison du noble fait qu'elle mentionne, une copie de l'exposé au ministre, des services distingués de cet officier de santé.

Pendant les dix années que M. Quoy a passées à l'Inspection

générale, la droiture et la dignité de son caractère lui ont conquis la considération, le respect et l'affection générales, dans tous les rangs de l'administration centrale ; on lui rendait cette justice de reconnaître que son unique préoccupation était de défendre les intérêts du corps à la tête duquel il se trouvait placé, de faire valoir les services et les droits de chacun de ses subordonnés. J'aurais beaucoup à dire sur ce sujet délicat, mais cette note est déjà bien longue, et je ne veux pas trop abuser de votre bienveillante attention. Je me bornerai donc à rapporter deux faits qui mettront dans tout leur jour ses principes et la libéralité de son esprit ami du progrès.

En 1849, après une grave épidémie de choléra qui avait sévi dans les cinq arrondissements maritimes, les préfets avaient transmis à Paris des demandes instantes de promotion et d'avancement dans la Légion d'honneur ; elles comprenaient quatorze croix de chevalier, cinq d'officier et une de commandeur, celle-ci destinée à M. Le Prédour, premier médecin en chef et président du conseil de santé à Rochefort. L'amiral Desfossés, ministre de la marine, en causait avec M. Quoy ; tout en se montrant disposé à faire un accueil favorable aux propositions dont étaient l'objet les officiers d'un corps qu'il a, dans toutes les occasions, hautement apprécié et soutenu, il en trouvait le nombre un peu considérable, et il manifestait l'intention d'attendre, pour y faire droit, le moment d'une promotion générale. « L'opportunité, lui répondit M. Quoy, double le prix de toutes choses, et je supplie Votre Excellence de ne pas amoindrir par un retard, la satisfaction que font espérer votre bienveillance et votre impartiale équité. Quant au nombre des propositions, soyez certain qu'il est encore de beaucoup au-dessous des actes de dévouement. — Soit, dit le ministre ; mais j'ai le regret de ne pouvoir donner à M. Le Prédour, quelque digne qu'il soit de cette haute distinction, la croix de commandeur. — Pourquoi donc, amiral ? — Parce que son inspecteur général n'est encore qu'officier. -— Oh ! Monsieur le ministre, tôt ou tard, et je ne suis pas pressé, ce grade me sera conféré ; il échappera à jamais, au contraire, à M. Le Prédour, si vous manquez cette magnifique occasion de reconnaître son courage et son mérite ; quánt à moi, je puis vous donner l'assurance que je me sentirai rehaussé dans mes fonctions et plus honoré de la récompense que vous donnerez à ce digne et ancien serviteur, que si elle m'était personnellement accordée. » L'amiral céda avec une parfaite bonne grâce, et la promotion spéciale parut le 7 janvier 1850.

L'ordonnauce de 1835, qui a décrété l'assimilation des officiers de santé de la marine, qui les a placés directement et sans intermédiaire sous les ordres des préfets maritimes, a été promulguée à la suite du rapport d'une commission présidée par M. Keraudren, et composée d'un capitaine de vaisseau, de trois chefs de bureau du ministère, de M. Quoy, deuxième médecin en chef, et de M. le professeur Blache. Indépendamment de ces deux améliorations capitales, elle modifia le mode d'avancement ; elle institua un programme de concours.

Mais elle ne toucha pas à l'enseignement dans nos Ecoles ! M. Quoy, faisant le sacrifice de son grade, voulait un directeur et des professeurs. Sa proposition fut écartée par la majorité de la commission.

Devenu inspecteur général à son tour, et mieux placé pour faire accepter ses idées d'organisation ; assuré que le service ne pouvait que gagner à être remis à une direction unique faisant disparaître toute espèce de tiraillements ; jaloux d'élargir l'horizon des officiers qui ne voulaient ou ne pouvaient, malgré un mérite incontesté, parvenir au professorat, et qui étaient ainsi condamnés à ne point franchir le grade de capitaine, Quoy réussit à faire passer sa conviction dans l'esprit du ministre, et il devint ainsi le véritable promoteur du décret de 1854 qui faisait cesser une inégalité blessante entre notre corps et les autres corps de la marine. C'est à la fermeté de M. Ducos, sachant surmonter ou tourner les obstacles, que M. Quoy a dû la réalisation de ses espérances, et sa gratitude a été doublée par le rapport à l'Empereur, écrit tout entier de la main du ministre, dans lequel il démontrait, en termes si élogieux pour nous, la nécessité de créer les grades de directeur et de médecin principal.

Ainsi, Quoy a participé aux deux actes les plus importants de notre organisation dans ce siècle, et c'est lui qui a ouvert l'ère, non fermée encore (1865 l'a prouvé), des améliorations auxquelles nous pouvons justement prétendre.

Il ne se faisait pas illusion, du reste, sur les *desiderata* qu'il restait à combler encore. Et pourquoi ne vous dirais-je pas toute sa pensée ? Ne sera-ce pas rendre un nouvel hommage à sa mémoire ? Devancé par son prédécesseur, M. Fouillioy, il a demandé, mais en vain, que les infirmiers fussent placés sous l'autorité du corps de santé, faisant observer avec raison que c'est un singulier régiment, celui où les officiers ne peuvent commander à leurs soldats que dans une étroite mesure et n'ont jamais le droit de leur infliger une punition pour une faute commise.

Ses visées allaient plus haut encore : il aurait voulu que le directeur du service de santé fût réellement investi des fonctions que le titre semble comporter, et qu'il devînt le chef de tout le service hospitalier ; mais il s'est heurté contre des résistances passives, contre d'anciens préjugés, contre d'injustes susceptibilités. « L'heure de l'émancipation de notre corps, disait-il souvent, n'est point encore venue, mais elle est proche, et quand elle aura sonné, on sera bien surpris qu'il ait fallu tant de tours d'horloge avant que l'aiguille marquât le moment d'un progrès plus utile au service qu'au corps de santé lui-même. »

Quoy avait accompli sa tâche ; il a été admis à la retraite, par ancienneté de services, le 10 novembre 1858.

Vous savez, Messieurs, que, d'après la proposition de l'Académie des sciences, un médecin de première classe vient d'être tout récemment embarqué sur le vaisseau le *Jean-Bart*, que sa mission est purement scientifique, et que le programme de ses recherches est fort étendu. Sans aucun doute, l'Institut, en motivant, en termes si flatteurs pour eux, cet appel au zèle et à la capacité des officiers de santé de la marine, s'est inspiré du souvenir de cette phalange de naturalistes distingués sortis de nos rangs, les Quoy, Gaudichaud, Lesson, Gaimard, Eydoux et Souleyet, qui ainsi contribuent encore, après leur mort, à l'illustration du corps auquel ils ont appartenu.

J'ai cherché à vous montrer en M. Quoy, le naturaliste et le fonctionnaire ; vous avez, en outre, deviné l'homme : caractère austère, esclave du devoir, aimant le recueillement, passionné pour l'étude, ennemi de l'intrigue, n'abdiquant jamais sa liberté, modeste enfin comme on ne l'est plus aujourd'hui ; eh bien, vous ne le connaissez pas encore tout entier. Pour ceux qui ont eu l'honneur et la bonne fortune de son intimité, il s'est révélé sous bien d'autres aspects. Avec eux ou pour eux, sa réserve faisait place à l'abandon, une douce et communicative gaîté éclairait son visage, si sérieux d'habitude, et grâce à une mémoire qui ne s'est éteinte qu'avec lui, sa conversation, semée de piquantes anecdotes ou d'aperçus profonds, charmait et instruisait à la fois. Par la notoriété qu'il avait conquise, par son titre d'académicien, par ses fonctions élevées dans la marine, par un séjour de quinze ans à Paris, il avait été en contact avec toutes les célébrités contemporaines ; les musées et les monuments de France, d'Italie, de Belgique et de Hollande, si souvent visités par lui, en avaient fait un archéologue fort distingué et presque un artiste ; il avait traversé tant de révolutions, qu'il en était arrivé à une grande indulgence politique, faisant rarement place au dédain ou à l'in- dignation ; l'histoire n'avait pas de secrets pour lui ; la littérature le reposait de la science ; en un mot, il avait tout vu, tout lu, tout retenu. Aussi, causeur incomparable, était-il hautement apprécié par les hommes et fort recherché par les femmes près desquelles il était le représentant de la galanterie chevaleresque d'autrefois.

Et son cœur valait son esprit. Toujours prêt à rendre service, allant au devant de ceux qui avaient besoin de son appui, cachant ses bienfaits comme un avare ses trésors, honnête homme dans l'acception la plus ridige du mot, il n'a jamais sollicité la moindre faveur, et chacun de ses grades, obtenu par son seul mérite, a eu pour lui le charme de l'imprévu.

Soyons donc fiers, Messieurs, de cette vie noble et sans tache ; le corps tout entier en reflète l'éclat.

Je ne pouvais choisir un moment plus favorable pour retracer cette longue et si honorable carrière puisque, dans cette séance, vont être proclamés les noms des étudiants qui, dans l'année scolaire, se sont fait remarquer par le zèle, la conduite et le travail. Puissent les prix décernés aujourd'hui vous encourager à marcher dans la voie tracée par M. Quoy qui, j'en ai la confiance, trouvera parmi vous des imitateurs et des émules !

Rochefort, Imprimerie Ch. Thèze.